पगडण्डी

रस्ता अपना अपना

राज सोलंकी

Copyright © Raj Solanki
All Rights Reserved.

ISBN 978-1-63806-492-3

This book has been published with all efforts taken to make the material error-free after the consent of the author. However, the author and the publisher do not assume and hereby disclaim any liability to any party for any loss, damage, or disruption caused by errors or omissions, whether such errors or omissions result from negligence, accident, or any other cause.

While every effort has been made to avoid any mistake or omission, this publication is being sold on the condition and understanding that neither the author nor the publishers or printers would be liable in any manner to any person by reason of any mistake or omission in this publication or for any action taken or omitted to be taken or advice rendered or accepted on the basis of this work. For any defect in printing or binding the publishers will be liable only to replace the defective copy by another copy of this work then available.

समर्पित है उन सभी लोगों को जिनका प्रत्यक्ष या परोक्ष रूप से इस किताब में कोई ना कोई योगदान रहा है |

क्रम-सूची

भूमिका	vii
आमुख	ix
1. पड़ाव	1
2. युद्ध	3
3. कागज़ का टुकड़ा	5
4. वो	7
5. चौराहा	8
6. गांव	10
7. सरेस का पेड़	11
8. टिटहरी	13
9. अन्जीर का पेड़	15
10. छेद	17
11. ताना बाना	18
12. आंधी	19
13. धर्म	20
14. रात	21
15. उलझन	22
16. मिट्टी	24
17. कोशिश	26
18. मेरा रुम	28
19. समष्टि-व्यष्टि	30
20. अक्षर	31

• v •

क्रम-सूची

21. क्यूँ — 32
22. गुनाह — 33
23. अक्स — 34
24. शीशा — 35
25. अकेलापन — 36
26. चक्र — 37
27. यात्रा — 38
28. कुछ तो मजबूरी रही होगी — 39
29. सवाल जबाव — 41
30. लॉकडाउन के बहाने से — 43

भूमिका

पगडण्डी एक छोटा सा रास्ता होता है अमूमन जिस पर इन्सान अकेला ही चलता है , या यूँ कह सकते है की एक ही विचार के साथ चलता है |पगडण्डी अक्सर कच्ची ही होती है ,एक दम प्राकृतिक| उसके में कोई बनावट नहीं होती है ,बस सहज सुलभ अंदाज में पथिक को बातों ही बातों में उसकी मंजिल तक पहुंचा देती है |उस पगडंडी पर विचारों को कोंधने वाले उपद्रवी तत्व नहीं होते है| हाँ पर जब भी आप उस पर चलते हैं तो आप अपने विचारों के साथ होते हैं ,वो विचार आपके खुद के होते हैं , और अक्सर नए नए होते हैं | वो विचार आपके कमरे से लेकर बस की सीट के भी हो सकतें है ,देश दुनिया की राजनीति भी सकती है और छोटे से बच्चे की किलकारी भी हो सकती है |

मैं पिछले 10 वर्षों से राज को जानता हूँ, उसका अपना एक अलग अंदाज है चीजों को देखने का ,उन्हें परखने का |उसका भाषाई ज्ञान अच्छा है परन्तु लिखने का अंदाज बिलकुल साधारण है, उसका मानना है की जब वो लिखता रोज मर्रा की बातें है, आम आदमी की चीजें हैं, तो उसकी भाषा भी वैसी ही होनी चाहिए | इसलिए आपको कुछ ठेठ देशी शब्द भी मिल जायेंगे | मैंने जब उसको समझाया की जब कोई किताब लिखते हैं तो उसके सिर्फ एक तरह की और शुद्ध भाषा होनी चाहिए परन्तु राज का अंदाज तो अपना है ,और वो कहता है की मैं कोई हाई वे पर चलने वाला इन्सान नहीं हूँ बल्कि मैं तो जमीन से जुडा हुआ पगडण्डी पर चलने वाला इंसान हूँ ,इसलिए यहाँ बनावटी कुछ नहीं जो है सहज है |

ऐसी ही खूबी इस पगडण्डी में है, ये किताब किसी भाषाई विद्वान् की नहीं है वरन यहाँ तो एक उन्मुक्त इंसान है जो जैसा देखता है उसे आसान से शब्दों में वैसा ही पिरो देता है |बात चाहे उसके घर के सामने वाले सरेस के पेड़ की हो या उसके गांव में रहने वाली वो बुज़ुर्ग महिला की , बस में उस अधेड़ आदमी से हुई जात पांत को लेकर हुई बहस हो या किसान का दर्द ,हर जगह एक तटस्थता बरकरार रही है जो जस को तस लिखा गया है | इस तटस्थता की वजह से कई जगह कुछ कडवाहट भी आई है पर वो भी तो इस पगडण्डी का एक हिस्सा ही है | जब वो कहता है की *"पड़ोसी परिवार वाले आते थे पहले उनके यहां,पर उनकी निगाह उस पर से ज्यादा कहीं ओर होती थी।"* तो रिश्तों में भी स्वार्थ की बू आती है या फिर जब अर्जुन बनने को मना करता है तो मन एक बार सोचने पर विवश हो जाता है | उम्मीद है ये पगडण्डी इस पर चलने वाले को निराश नहीं करेगी, वरण एक यादगार सफ़र का एहसास दिलायेगी|

पगडण्डी पर चलने वाला एक राहगीर ....

-- आशीष यादव

हरिद्वार

31.01.2021

आमुख

मैं आभारी हूँ दोस्त प्रभाकर चतुर्वेदी और मनोज कुमार चारण का , जिन्होंने इस किताब के हर अध्याय में अपना योगदान दिया है | आभार प्रशांत कुमार का भी ,जो पग पग पर मेरे को उत्साहित करते रहे ,अपनी सलाह, राय मशवरा से इस किताब को प्रकाशन तक लेकर आये है | इसके अलावा लोकेश कुमावत,मनोज कुमार ,रिया और रोहित का भी आभार, की गाहे बगाहे उनका भी इसमें योगदान रहा है|

विशेष आभार आशीष यादव का ,जिसने अपना बहुमूल्य समय निकाल कर इस किताब के लिए भूमिका लिखी|

परिवार जो हमेशा मेरे साथ रहा , उनका जितना भी आभार व्यक्त करूँ वो कम है | हर पल पल उनका सहयोग रहा है और मैं आजीवन इसका आभारी रहूँगा |

आभार उन सबका भी जिनका नाम यहाँ लिख नहीं पाया हूँ परन्तु उनका भी योगदान रहा है |

---राज सोलंकी

1. पड़ाव

मेरे घर के पीछे वाली गली मे ही तो उनका घर है,
हालांकि मुख्य द्वार आगे की गली में है,
पर उन्होने पीछे से भी एक रस्ता बना रखा है आने जाने को।
घर तो काफी बड़ा है, कई लोग रह सकते है,
पर वो अकेली ही रहती हैं,
बेटियों की शादी कर दी,
तो सबको अपने घर की फ़िक्र होने लगी।
ज़ाहिर बात है की उन्हे लड़का ना था।
अफसोस तो रहता है उन्हे इस बात का ,
पर कभी जाहिर नहीं होने दिया।
अक्सर वो नहर किनारे आ जाती हैं,
कभी बर्तन धोने, कभी कपड़े धोने के बहाने से,
उम्र के लिहाज से दिक्कत होती है,
पर वो खालीपन ज्यादा कचोटता है।
पड़ोसी परिवार वाले आते थे पहले उनके यहां,
पर उनकी निगाह उस पर से ज्यादा कहीं ओर होती थी।
लिहाजा उनका आना जाना ज्यादा ना चल सका ।
कभी कभी वो हमारे घर भी आ जाती थी,
वो बाल, जब सब रंग उतर गये तो सफ़ेद हो चले थे,
विज्ञान भी ऐसा ही कुछ कहता है।
हालांकि बाल सफ़ेद हुए अर्सा हो गया है।

वो चेहरे की झुर्रियां, टेड़ी मेड़ी हो चली है;
जो कभी सीधी लकीरें हुआ करती थी,
अनुभव और नादानी के बीच।
पर उनकी बातें इन सबसे परे है,
आज भी उत्साह है,उम्मीद है;
उम्र के इस पड़ाव पर भी।
यही कोई साठ साल के आस पास की बुजुर्ग महिला है वो।

2. युद्ध

तेरा ही युद्ध है,तुझको ही लड़ना होगा,
हर आती जाती आँधी से भी तुझको भिड़ना होगा।
औरों से आस लगाना व्यर्थ है,
जीतेगा भी वो ही,जो समर्थ है
इसलिये अर्जुन सा बन, सन्घार कर ;
जो बाधा आये लक्ष्य पथ में उसे पार कर।
पर रुको जरा !
अर्जुन क्यूँ तुम एकलव्य बनो,
या फिर कर्ण बनो।
बेशक अवगुण इनमें हजार गिनायेंगे,
पर अपनों से लड़कर,
कुछ करने का सामर्थ्य अर्जुन ना दिखाएँगे ।
बेशक अर्जुन वीर था,
पर मिला सहज ही सब कुछ उसको।
था गान्डीव जहाँ,गोविंद का चक्र भी वहां,
फिर कैसे ना वो सन्घार करता है?
पर तुमको बचाने ना गोविंद आयेंगे,
ना कोई तुमको ब्रम्हास्त्र सिखाएंगे,
गाण्डिव सा धनुष भी ना होगा,
शस्त्र भी अपने बनाने होंगे ,
खुद ही सारथी होंगे तुम,
खुद ही बाण चलाने होगें।

पगडण्डी

रोकेंगे कई भीष्म तुम्हारा भी रस्ता,
कभी बन द्रोणाचार्य भी आयेंगे।
पर तुम ना शिखंडी की आड़ लेना,
ना झूटी मर्यादा का मान रखना।
साम, दाम दण्ड भेद से परे होकर,
तुम बस युद्ध करना ।
ना ही लड़ना किसी दुर्योधन के लिये
ना ही किसी सहारे को,
क्योंकि ये युद्ध तुम्हारा है,
और तुम को ही लड़ना होगा।

3. कागज़ का टुकड़ा

मीलों चलना कितना आसान होता है,
गर पैसा हो।
पर ये पैसा कमाना इतना आसान नहीं होता,
गर मजदूर हो।
मीलों का सफ़र करना पडता है,
एक अदद रुपये के लिये।
वो रुपया जो पत्थरों से घिस घिस कर बनता है ।
उनको ढो-ढो के हाथ पत्थर हो जातें है,
पेट पर गाँठ भी बन्धनी पड़ जाती है,
इज्जत का तो कोई मोल भी नहीं रहता है।
पर एक स्वप्न होता है,
घर वापसी का;
जो देता है ताकत जीने की।
वो घर जिसके लिये सब दुख झेल लिये जाते है खुशी खुशी।
पर वो गुमनाम सी वापसी भी फांस बन जाती है,
गर सियासत हो उस पर।
फिर पड़ जाते हैं पत्थर जैसे पावों पर भी छाले,
सब्र के आंसू,जो सूख जाया करते हैं दुखों से,
भी बह जाते हैं।
कंकड़ पत्थर खाकर खुद तो बन जाता है फ़ौलाद सा,
पर नाज़ुक सी निगाहों के आगे बिखर जाता है वो भी।

"साहब! जब पैसा और चुनाव पास नहीं होता तो,
 ऐसे ही रहनुमाई पर जीना पड़ता है।"
जैसे बोल दब जाते हैं किसी कागज़ के टुकड़े के नीचे ।
वो कागज़ का टुकड़ा जिसके लिये मीलों का सफ़र होता है।

4. वो

वो,जो कर देता था बड़े बड़े सवाल यूं ही हल,
आज उसे यूं खुद में ही उलझे देखा।
याद रहती थी जिसे हर किताब की हर लाईन,
उसे बस गिनती के कुछ नाम लेते देखा।
कभी हर ओर थी जिसकी ख्वाहिशों की बड़ी चर्चा ,
आज चाय की चुस्की की मोहताज उसकी तड़फ को देखा।
कभी जो चलता था तो हर ओर उठते थे हाथ सलामती के,
आज बस अपने ही हाथ समेटते हुए देखा।
बर्षों से सवारी थी जो जिन्दगी किसी महल की तरह
आज उसे ही तिनका-तिनका बिखरते देखा।

5. चौराहा

विचित्र सी हालात में खड़ा है तूं,
संशय के बादल भी मन्डराये हैं;
काले घनघोर अँधियारे में,
तिनका भर भी उजास नज़र ना आये।
इन हालातो में तेरा निराश होना,परेशान होना जायज है,
व्यथित मन से काम से किनारा करना,
चाँद की चांदनी में धूप सा
और सूरज की धूप में चांदनी सा अहसास
ढूँढना भी जायज है।
पर जायज नाजायज़ के इस भ्रम मे भूल रहा है
की तेरी निराशा हल नहीं है इसका,
तेरी व्यथा,तेरी व्याकुलता जो स्थाई सी लगती है,
खरोंच रही है तुझे भीतर ही भीतर।
जोंक सी चिपक कर रस चूस रही है,
उत्साह का, हिम्मत का।
इस जोंक को रोक तूं,
डगमगाते कदमों को सम्भाल ताल ठोक तूं;
तू चलेगा ,तभी निकलेगा सूरज तेरा,
तभी छंटेंगे बादल अँधियारे के,
तभी बदलेंगे हालात तेरे,
फिर मिलेगी धूप में भी चांदनी सी ठन्डक तुझे,
चल उठ ! खड़ा हो तू,

राज सोलंकी

इन मुश्किलों के पहाड़ से बड़ा हो तू,
चमक ऐसा,हीरों से गढा हो तू,
चल उठ! खड़ा हो तू....

6. गांव

मैं गाँव में रहता हूं,
घर के बाहर एक सरेस का पेड़ है,
फिर गली और गली के उस पार दो नहरें,
नहरें जिनसे हमारे खेतो में पानी लगता है,
आज वो एक नहर रीत रही थी,
मैं यूं ही किनारे बैठ गया
उसे रितता देखने,
बड़ी शांति के साथ उतर रहा था,
उसका पानी,
वो पानी जो आते वक़्त बड़ा शोर मचाता है,
अपने साथ कई झाड़ झन्खाड लाता है,
काफी गन्दा भी होता है,
फिर नहर जब भर जाती है तो ,
धीरे धीरे वो पानी साफ हो जाता है।
किनारे के पौधे जो उसके आने से डर जाते हैं,
अब उसी पानी में खुशी से बढते हैं।
उतरते हुए पानी में ऐसा कुछ नहीं है,
किनारों के पौधों को शायद पता ही नहीं चलता,
की उनका जीना दूभर होगा,
अभी उनकी जड़ हरी जो होती है।
पानी जो कुछ दिन चलने से थका सा लग रहा है,
धीरे धीरे उतर रहा है ,मानो कुछ दिन आराम चाहता हो।

7. सरेस का पेड़

मेरे घर का प्रहरी है वो ,जो दहलीज पर खड़ा है,
किसी वक्त मेरी दादी माँ ने एक बीज लगाया था,
फिर वो बीज एक विशाल पेड़ बन गया,
इतना विशाल की आंधी में डर पैदा करने लगा,
कभी मकान पर गिरने का, तो कभी उस पर रहने वाले शहीद के उतरने का।
हां, बचपन से यही सुनते आ रहे हैं की इस पेड़ पर एक शहीद की आत्मा रह्ती है,
अब वो किस जंग मे शहीद हुआ;ये माँ और दादी ने कभी नहीं बताया,
ना ही हम लोगो मे इति हिम्मत और समझ थी की पूछ लेते,
पर कोमल से मन में उसका डर जरूर बैठ गया था।
वो डर जो हाऊ,होक्डा (सब देसी नाम) ,शैतान आदि के नाम से बच्चों के जहन मे उतारा जाता है,
हमारे यहां वो काम शहीद ने बखूबी किया था।
बहरहाल मैं बात कर रहा था पेड़ के डर की,
इस डर ने मानुष को सिखाया की पेड़ को काट दिया जाये,
पर उस पेड़ की छाँव बहुत अच्छी थी लिहाजा उसे ऊपर से आधा काट दिया,
दुख तो हुआ होगा उसे भी पर वो पेड़ था,कहां ही बोलके कह पाता,

अगली बार जब वसंत आया तो वो दोगुने जोश से फूटा,
इतनी नई नई शाखायें निकाली की लगा ही नहीं की इसे काटा गया है,
उसकी कच्ची कच्ची पत्तियां जो दिन में बड़ी शान से लहलाती थी,
शाम होते ही ऐसे चिपक जाती थी ,
मानो सदियों के बिछुड़े दोस्त मिल रहे हों ।
उसके फूल तो ऐसे लगते थे जैसे दाढ़ी करने वाला ब्रुश हो,
अभी मेरे सामने ही दो बच्चों ने वो ब्रुश उठाया और नकली दाढ़ी बनाने लगे,
जब दाढ़ी नहीं आई थी तब हम भी बनाते थे,
मेरे चेहरे पर हल्की सी मुस्कान से बचपन के वो पल याद आ गये ।
जब रात सोता हूं तो ये ख्यालात रोज आते हैं क्युंकि मेरी चारपाई से वो सरेस का पेड़ सामने दिखता है।

8. टिटहरी

अल सुबह खेत के लिये निकला था,
अक्सर गावों में ऐसा ही होता है।
दो गलियाँ पार करके खेत का मुहाना शुरु हो गया।
फसल को निहारते हुए पगडंडी पर चल ही रहा था कि
एक जानी पहिचानी आवाज से ध्यान बंट गया,
देखा तो पगडंडी के उस ओर कुछ टिटहरी शोर मचा रही थी,
हां! ये वो ही टिटहरी है जो मेरी कवितयों मे आती है।
अब मुझे टिटहरी की भाषा तो आती नहीं,
तो सोचा कि कोई सांप वगेरह होगा।
कौतूहलवश इस उम्मीद में पगडंडी के उस ओर गया,
कि चलो बहुत दिन हो गये,आज किसी असली सांप को देख लेते हैं ।
पर वहाँ तो कुछ और ही था,
एक नन्हा सा टिटहरी का बच्चा,
खाले में घूम रहा था,
पंख इतने नाज़ुक थे,की उसका वजन नहीं उठा सकते थे;
जैसे मेरे ख्यालात मेरी उम्मीदों का।
वो बच्चा मुझे देख छुपने की व्यर्थ कोशिश करने लगा,
हालाँकि वो बच्चा बहुत प्यारा था और उसे हानि पहुंचाने का मेरा कोई इरादा ना था।

पर उसकी उस टिटहरी ने उस बच्चे से ज्यादा दुनियां देखी थी,
जो चिल्ला चिल्ला कर उसे मेरे से सतर्क कर रही थी।
ख्यालात ममत्व को देखते रहे और पैर फिर से पगडंडी कि ओर मुड़ चले थे।

9. अन्जीर का पेड़

वो अन्जीर का पेड़ जो मैने ही लगाया था,
अब बड़ा हो चला है।
फल भी पकने लगे हैं,
पर कुछ पंछी खा जाते हैं उन्हे।
हालांकि बड़ा यत्न किया था उन्हे रोकने का,
टलियाँ भी बांधी थी,
वो पुरानी vcr वाली रील भी, सुना था की बहुत आवाज़
करती है ओर पंछी भाग जातें है।
पर उनकी आवाज तो उनके लिये कोई मधुर संगीत सा
बन गया था।
वो लम्बी पूंछ वाला पंछी;
वो लाल पंखो वाली चिड़िया;
नाम तो नहीं पता उनके,
रोज आने लगे
अधपके फल भी खा जाते थे,
या यूं कहुँ की चख कर छोड़ जाते थे,
उस पेड़ पर एक नहीं सी चिड़िया का घोंसला भी था।
बहुत छोटी सी थी,
वो भी एक आध फल काट लेती थी,
पर कभी उसे भगाने का ख्याल नहीं आया।
बड़ी शिद्दत से उसने पत्तों को बींध कर छोटा सा घोंसला
बनाया था।

मैं;अक्सर उसके घोंसले मे देखता था,
शायद अभी अकेली ही रहती है ।
वो अन्जीर का पेड़ अपने आप मे एक कहानी सा था।

10. छेद

वो वृक्ष जो लगाया था मैने छाँव के लिये,
ना जाने कैसे झाड़ी सा बन गया है।
शायद मैने ही गलत बीज बो दिया था,
या वो वही था।
हो तो ये भी सकता है की मैने उसे बढ़ने ना दिया हो,
काटता रहा उसे गाहे-बगाहे,
इसलिये बन गया वो झाड़ी सा।
पर अब उसके काटें चुभतें हैं,
हर और से।
छाँव भी नहीं होती है किसी को।
डाल देता हूं कभी कभी ख्यालों की चादर,
सुखाने के बहाने;
पर काटें उसे भी ना बकसते,
कर देते हैं छोटे छोटे छेद,
वो छेद
जहाँ से रिसता रहता कुछ,
जो दिखा देता है उस तरफ के सच को।
इसलिये कभी कभी तो मन करता है की जड़ से ही काट दूँ,
पर काटें काफी हैं चारों ओर और जड़ दिखाती नहीं,
ना ही इतनी लम्बी कुल्हाडी कि दूर से ही काट दूँ।

11. ताना बाना

एक ताना बाना जो ,जो बनाया था मैने ही,
कुछ रंग भरने को,
कुछ अलग सा रचने को,
वो आज बिखरा सा गया है खुद में ही।
कुछ धागे उलझे हुए हैं,
वेबजह ही।
और बेवजह बड़ी वजह सी मालूमात होती है।
हर ढलती शाम के साथ ,
कुछ धागे जोड़ता हूँ
पर अल सुबह वहीं पाता हूं।
कुछ धागे तो टूट भी गये,
शायद उनकी उम्र हो चली थी
या फिर मेरी भी।

12. आंधी

कल रात हल्की-सी आँधी आयी थी,
हां थोड़ी देर चली भी थी।
फिर धीरे-धीरे वो तेज़ हो गई,
पौधे सब झुक से गये थे उसके आगे,
पर खत्म होते ही आँधी के ,
फिर सीना ताने खड़े हो गये।
हां कुछ टुट भी गये थे,
शायद जो नाज़ुक थे।।
ये दास्ताँ सुनाई उस पेड़ ने जो अब बूढ़ा हो चला था।
जिसने देखी थी कई काली रातें,तेज़ आँधियां,
और उसकी भी एक शाख टूटी थी इस आँधी मे।

13. धर्म

कितना लड़ते थे हम एक दूसरे से,
हर बात पर।
बात जो धर्म की होती थी।
वो धर्म जो हर बात मे भेदभाव करता है,
कभी जाति,कभी रंग तो कभी उसी को लेकर।
वो धर्म जिसे हम जानते भी नहीं थे,
पर हां! फिर भी उसे अपना मानते थे।
सदियों से ऐसा ही चला आ रहा है,
फिर अचानक एक दिन आबो-हवा बदली;
एक महामारी आई,
पर वो धर्म ना थी,
गोया कोई भेदभाव भी ना था।
नक़ाब;जो भविष्यवक्ता थे; उतर गया,
ताबीज़;जो रक्षक था; टूट गया।
धर्म,जो हर बात में आड़े आता था,
गौण हो गया।
पर्दा जो अन्धभक्ति का था,हट सा गया है।
बेशक दुख है हजारों जिंदगियां जाने का,
पर शुक्र भी है लाखों जिंदगियां बचाने का।

14. रात

रात तो बदनाम है अन्धेरे से,
रात प्रतीक है निराशा का,
तमस का,अपराधों का,
रात का अंधियारा सब सोख लेता है,
उत्साह,आनन्द,चहक,चमक
पर ये रात ही तो सृजन करती है,
उत्साह का,आनन्द का,
ये रात ही तो है,
जहाँ उगते हैं बीज नव निर्माण के,
स्वप्न अंकुरित होते है आशायों के,
जहाँ मिटती है दूरियाँ दिलों की,
दिन भर की नफ़रत,प्यार से हारती है
क्युंकि अन्धेरे में मुखौटे नहीं दिखते।
मुखौटे,जो इन्सान दिनभर लेके घूमता है,
रात के अँधियारे मे आराम करते हैं।
बेशक रात काली है,
पर ये काली रात ही वजूद है दिन का,
वो दिन,जिसका इन्तजार रहता है सबको,
जो जमीं देता है सपनो को,
वो सपने जो रात के अँधियारे मे आते हैं।

15. उलझन

किसी और की बात सुनना,
उसे सुनकर अपने पर शक करना,
अपने पंखों को समेट लेना, खुलने से पहले;
थककर बैठ जाना, एक उड़ान भरने के बाद,
आदत सी हो गई है।
और इन्सान फिर समझौता कर लेता है
अपनी ख्वहिशों से ,अपने सपनों से,
और मान लेता है इसे अपनी किस्मत।
पर अफसोस होता है प्रकृति को,
जो हर रोज उकसाती है,
अपने कण कण से दिखाती है कीमत सपनों की।
वो सिखाती है कीमत धैर्य की,लगन की,जज्बात की।
भन्वरा,जो उड़ नहीं सकता लोगो की नजरों में,
उन्मुक्त आकाश में स्वच्छन्द उड़ता है।
जुगनू जो नहीं लड़ सकता अन्धकार से,
शान से चमकता है घनघोर अन्धेरे मे भी।
पतझड़ जो लील लेता है हजारों पत्तियां,
वसंत उन्हे फिर से हरा कर देता है।
और हम देखकर भी अनदेखा कर देते हैं,हर बार।
पर रुकेगा ये किस्मत का ताना बाना,
जब हम रुक कर देखेंगे।
देखेंगे अपने को और अपने सपनों को,

राज सोलंकी

तब मुस्करायेगा जुगनू भी हमारे साथ।

16. मिट्टी

वो मिट्टी में मिट्टी होने का सुख जानता है
और मिट्टी होने का दुख भी जानता है।
हां जनाब वो किसान है,मिट्टी का जाया है,
इसलिये मिट्टी का हर रंग जानता है।
सूरज उगने का इंतज़ार नहीं करता वो,
तारों की छावं में ही आ जाता है खेत में,
उसकी आंखे ढूंढ लेती हैं कमी पेशियाँ
या यूं कहूँ की खुद ही खेत बता देता है।
कई विचित्र से पंछी आते हैं उसके खेत में,
वो नाम तो नहीं जानता,फिर भी रख लिये हैं अपने हिसाब से अपनी समझ से,
वो समझ ,जो टिटहरी के अंडे देख बारिश का अंदाज़ लगाती है।
वो समझ जो पंछियों को देख, सुख दुख का हिसाब लगाती है।
पर उसकी सारी समझ,उसका सारा ज्ञान रह जाता है
खेत की चारदीवारी तक ही सीमित ।
बस बाहर जाती है तो उसकी फसल;
वो फसल जिसे वो औलाद की तरह पालता है,
पर उस पर अब हक़ होकर भी हक़ नही है।
उसकी रातों का,उसके पसीने का कोई मोल नहीं,
क्योंकि उसका मोल अब कोई और लगाता है,

वो जिसे मिट्टी का रंग भी नहीं पता।
ऐसा नहीं है की किसान को अच्छा लगता है,
दर्द तो किसान को बहुत होता है,
पर वो अपनी समझ खेत तक ही रखता है,
अगर कोशिश भी करे तो कुछ काँटेदार तारों ने
चारदीवारी कर रखी है,उसके खेत पर, उसकी सोच पर।
पर तोड़ना तो होगा ये चक्र,ये चारदीवारी,
वरना ये सब चलता रहेगा यूं ही,
जो बन जायेगा फिर एक रीत,
किसी सनातन धर्म के कायदे सा,
जिसे तोड़ना आसान ना होगा।

17. कोशिश

उसकी परीक्षा है कुछ दिनों बाद,
और वो आज फिर परेशान सा है।
किताबों का ढेर लगा है उसके सामने,
पर मन खोज लेता है उस ढेर मे से कोई रास्ता,
जो निकल जाता है कहीं दूर,
जिसका परीक्षा से कोई लेना देना नहीं होता।
उलझा लेता है उन रास्तों मे कई बार,
जहाँ से लौटने मे लग जाता है फिर वक़्त,
वो वक़्त जिसकी हमेशा सबको कमी रहती है।
पर इन बातों से तो परीक्षा उतीर्ण ना होगी,
ये बात वो भी जानता है,समझता है,
इसलिये तो वो कहानियां पढ़ता है,
मोटीवेशनल वीडियोज़ भी देखता है।
पर मन तो मन है,
हर बार उलझा लेता है किसी नई बात में,
बातें ऐसी जो उसे सच्ची सी लगती हैं।
कभी भविष्य की कल्पनाएं तो कभी भूत की गलतियाँ।
कभी अकेलेपन की बात करता है तो भीड़ मे भी बहाना
ढूँढ लेता है ।
पता नहीं मन को क्या ही मिलता है ये सब कुछ करके।
लेकिन वो जानता है की भले की मन का जो भी स्वार्थ हो
पर उसका लक्ष्य ऐसे तो हासिल नहीं होगा।

इसलिये एक बार फिर वो कोशिश करता है,
किसी बाहरी उत्साह से नहीं,बल्कि खुद की समझ से,
कलम उठा कर,मन को समझा कर,फिर से नई शुरुआत करता है,
क्योंकि वो जानता है की उसे करना है।
बेशक वो मन को वश में नहीं कर सकता,
मन उसे परेशान करेगा और ये चक्र चलता रहेगा,
पर वो कोशिश तो कर सकता है।
इसलिये वो करता है क्युंकि उसे करना हैं।

18. मेरा रुम

उसे मेरा इन्तज़ार रहता है,
हर शाम जब मैं उससे मिलता हूं
तो लगता है की जैसे किसी पुराने दोस्त से मिल रहा हूं।
दोस्त जिससे बहुत सारे गिले शिकवे होते हैं,
पर मिलने का एहसास उन सब पर भारी होता है।
यही हल हमारा भी है,
कभी कभी मुझे उन मोटी मोटी दीवारों में घुटन सी होती है,
और कभी वो दिवारें उन्मुक्त आकाश का भी आभास करवाती हैं,
हां वो दीवारें बेशक ईंट पत्थर से ही बनी है,
पर वो मोटी मोटी दीवारें एक तरफ़ा छलनी सा काम करती है
जिसमें छेद हैं, छेद जहाँ से आज़ादी की हवा आती है।
जो सकूँ देती है जड़त्व के साथ।
छेद जहाँ से दुनिया भर का सफ़र आसान लगता है।
पर साथ ही रोक लेती है उन विचारों को जो अनचाहे होते हैं,
वो दीवारें जो सब राज जानती है और उन्हे समेट लेती है कहीं भीतर गहराई में।
वो छत जो लगाम सी लगती है; खुला निमंत्रण देती है क्षितिज तक देखने का,

हां,वो मेरा अपना कमरा,जहाँ मैं रहता हूं।

19. समष्टि-व्यष्टि

आदि में
शून्य था, अन्यत्व था,
फिर अनित्य हुआ अनादि में ।
पर रुका नहीं काल-चक्र यहाँ ,
सुसुप्त-स्वप्न-जाग्रत में भी।
उच्छिष्ट सी बनी सुष्मणा,
इड़ा-पिंगला भी बाह्य हुई।
नीर-क्षीर विवेक विलुप्त हो
काकोलकिय न्याय हुआ।
निर्विकार,निराकार भी
मसानीय बैराग में साकार हुआ।

20. अक्षर

अक्षर तो थोड़े से ही हैं,
पर अकसर बातें पूरी कर देते हैं।
और भावों को भी व्यक्त कर देते हैं
अगर ना हो तो जगह छोड़ देते हैं,
पर अक्षर तो अक्षर है,
रह ही जाता है जहन के किसी कोने में,
और बात भावों की हो तो अक्षर अकेला नहीं होता।
भाव जो इन्सान का वजूद है,
उसकी ताकत उसकी कमजोरी है,
अक्सर सहारा ढूँढ़ता है,सच का झूट का,
कितना आसान सा लगता है झूट बोल देना,
यूं ही चलते-चलते,
या फिर बेतुकी सी बात करके भूल जाना ।
पर क्या अंतस भूल पाता है उसे ?
पर अंतस को भी तो समझना होगा,
शब्दों के भाव को,उनकी वजह को,
वरना अक्षर तो अक्षर है।

21. क्यूँ

क्यूँ मैं चुप रहूँ
हूं मैं सही फिर भी
गलत सा एहसास क्यूँ।
क्या किसी को खोने का डर है,
या किसी रिश्ते की मजबूरी?
हर बात में एक बैचेनी सी क्यूँ,
मैं सही वो गलत या वो सही मैं गलत
सही गलत का ये भंवर क्यूँ,
क्यूँ नहीं हो सकती एक दुनिया
इन सब बातों से परे,
जहाँ सिर्फ उन्मुक्त हंसी हो,
तू मैं का भेद ना हो,
जहाँ क्यूँ एक प्रश्न ना हो,
पर कैसे?
शायद मैं नहीं जानता,
इसलिये तलाश है...

22. गुनाह

गुनाह तो बस इतना की वो लड़की थी,
पर हम तो पितृ हैं,सत्ता हमारी है,
तो कैसे सहन करते उसको, जो हम पर भारी है।
इसलिये मरवा दिया उसको बिगड़ी औलदों के हाथों से,
कुचल दिया उसके जैसे अरमानों को,
ताकि फिर ना उठे कोई,जो अपने हक़ की बात करे।
अब हम स्वांग रचेंगे न्याय का,सियासी गलियारों में,
हम उतरेंगे सड़कों पर रोष निकालेंगे,
लटका कर फाँसी पर पुतलों को,
हम अपना फर्ज निभा लेंगे।
पर वो कब तक इन्तज़ार करेंगे ?
मरने के लिये अपनी बहनों को तैयार करेंगे,
कब तक वो खबर बनेगी,कब तक गुमनामी में मारी जायेगी?
ये प्रश्न सिर्फ मेरा नहीं,तुम्हारा भी है,
और जवाब हमे देना होगा,
वरना इन अत्याचारों को रोज सहना होगा।
पर फिर व्यर्थ है वो मन्दिर जाना,
उस देवी के आगे शीश झुकाना,
व्यर्थ है वो रक्षाबंधन का त्यौहार मनाना,
व्यर्थ है उसका इस धरा पर आना।
पर आखिर कब तक....

23. अक्स

कमरे में लगे शीशे के सामने खड़े होकर
अपने अक्स से बातें करना,
उसके साथ हँसना, डांटना,
पागलपन तो हो सकता है;
वो अन्धेरी रात में जब सन्नाटा हो चारों तरफ,
तो छत पर चढ़ कर तारे गिनना,
उनसे खैरियत पूछना,
पागलपन तो हो सकता है;
वो कमरे की दीवार से पांव सटाकर ,
उसे अपनी दास्ताँ सुनाना ,
उसकी की खुद कहना ,
पागलपन तो हो सकता है;
पर ये पागलपन जरुरी है,
जिन्दा रहने के लिये,
इस भागती जिन्दगी में कुछ लम्हों को खुद के साथ
गुजारने के लिये,
वो शीशा,दीवार ,तारे तो बस एक जरिया है
होते तो दोनो तरफ तो सिर्फ तुम ही हो।

24. शीशा

मेरे कमरे में एक आदमकद शीशा है,
जब देखता हूं अपना अक्स तो दिखता नहीं,
चुंध जाती है आंखे, धुँधला जाता है अक्स,
जब मुझसे छनती हुई रोशनी टकरा जाती है शीशे से,
मानो मैं कोई खोखला सा एक बुत हूं।
शायद मैं सच में ही खोखला हूं भीतर से,
कल की ही तो बात है
जब बस में वो आदमी बच्चे को लेकर खड़ा था,
और मैं सीट देने ना देने की कशमकश में पड़ा था,
वो सफ़र तो कट गया जैसे तैसे,
पर कहीँ भीतर एक जगह खाली कर गया।
उस जगह से अब फिर रोशनी आयेगी,
जो धुँधला करेगी उस 'बड़ी' सोच को,
जो अक्सर मैं 'कभी बड़े' होने पर सोचता हूं।
और ऐसी बातें हर रोज होती है,कभी छोटी कभी बड़ी।
मगर अक्सर मैं उन्हे नज़रअंदाज कर देता हूं,
कभी कोई झूटा सा बहाना बनाकर,
तो कभी कोई बेतुका सा तर्क देकर ।
और फिर से पड़ जाता हूँ उस बड़ी सोच में।

25. अकेलापन

अकेलापन, एकान्त अक्सर कचोटता है मुझे,
सोचता हूं अपने स्वप्न के बारे में,
अपने वजूद के बारे मे ,
कभी लगता है की निहायत अकेला हूं,
तो कभी प्रश्न उठ जाता है उस अकेलेपन पर ही,
कभी एहसास होता ही कमजोर हूं,
नहीं कर पाऊंगा मैं ,
वो सब जो कभी सोचता हूं।
पर अक्सर लगता है की अकेलापन देता है अवसर
खुद को सवारने का,खुद को पहिचानने का,
वरना कहां ही देख पाते हैं शीशे मे खुद से परे,
दुनिया की भीड़ में, खो जाता है सुर खुद का।
तो मत सोच इतना,
खुद की सुन,कर वो जो मन चाहे,
मिलेगा वो सब जो सोचता है चाहता है।

26. चक्र

बूंद बूंद भरता है घड़ा सुना था,
पर बूंद बूंद स्वप्न भी जुड़ता है अब जाना है।
सोते जगते,चलते फिरते,
हर कदम हर बात जुडती है,
जैसे जुडती मिट्‌टी चाक पर,
परत दर परत और बन जाता है बर्तन ।
जैसे जुड़ता धागे से धागा ताने पर,
फिर बन जाता वस्त्र।
वेसे ही जुडते हैं कर्म हमारे,जाने अनजाने भी,
होते रहते हैं संचित स्वप्न कोष में,
पर बढना या घटना स्वप्न कोष का,
निर्भर है बातों पर,कर्मों पर।
कर्म जुडेते कर्म घटते,
भाग्य विधाता नहीं है,कर्म प्रधान है,
पर अनजाने मे भूलवश समझ लेते कुछ और हैं
समझ फिर चलती रहती पुरानी होकर भी,
बन जाती है एक अवरोधक दीवार सी,
जो रोक देती है स्वप्न जुड़ने से।
पर अगर स्वप्न चुने हैं तो अवरोध हटाने होंगे,
बन्द दीवारों में पड़े सुसुप्त स्वप्न जगाने होंगे,
फिर जुडेन्गे स्वप्न भी, और साकार भी होंगे।

27. यात्रा

पूनम से अमावस तक घटना
या अमावस से पूनम तक बढ़ना,
बात तो एक ही है,
चांद तो एक ही है।
ये घटना-बढ़ना होता होगा किसी हिसाब की किताब में,
पर टुकड़ों में जीना?
बेशक चांद वही है, धरा भी वही,
पर घटना बढ़ना तो आंखों का फेर है।
सब चाहते हैं पूनम की रात,
पर गुजरना उसे भी पड़ता है अमावस की रातों से,

28. कुछ तो मजबूरी रही होगी

आदतन आज भी मैं आठ बजे ही उठा,
वेसे ये भी मजबूरी है,रुम लेकर रहता हूं
और 9 बजे क्लास जाना होता है
वरना मैं तो उठूँ ही ना।
खैर आलसाई आंखों से दरवाजा खोला,
और कदम नल की तरफ बढे
जैसे ही पानी को छूआ,हाथ अचानक पीछे खींचे
आलस्य फर्र हुआ और मुंह से निकला
"इता ठंडा पानी??आदमी मर जाये इससे तो।"
फिर क्या था,गैस चालू हुआ और पानी को गरम करने लगा।
गर्मी पाते ही दिमाग मे भी ख्याल चलने लगे,परत दर परत।
सहसा एक ख्याल किसानों का आया,
कि कैसे गुजार लेते हैं वो उस ठण्डे पानी में रातें,
जिसे छूने मात्र से मुझे मौत सी आती है।
पर झेल जाता है उस निष्ठुर ठण्ड को भी
मगर जब वो उतरता है सड़कों पर तो,
कुछ तो मजबूरी रही होगी।
यादों के तैराक ने फिर डुबकी मारी

और रुक गया ऐसी परत पर,
जहाँ संघर्ष था,
सहनशीलता और मजबूरी के बीच।
अपनी हद में रहने और उसे जानने के बीच,
संघर्ष मैं से हम होने और हम से मैं के बीच।
दूसरी अलार्म की घंटी से मेरा ख्याल तो रुक गया
पर संघर्ष अब भी जारी है।

29. सवाल जबाव

मैं काफी देर से गाँव के बस स्टैंड पर खड़ा था,
किसी दूर के रिश्तेदार के यहां गया था।
छोटा और सुदूर सा गाँव है तो
बसें इक्का-दुक्का ही आती है।
खैर, काफी इन्तजार के बाद एक बस आई,
ठसाठस भरी हुई थी पर चढना तो था ही,
तो जैसे तैसे करके चढ़ गया।
बस के दरवाजे के पास ही एक अधेड़ सा व्यक्ति खड़ा सा,
देखने से तो पढ़ा लिखा लग रहा था
जिसने भिड़ते ही पुछा 'काईं साख है?'
ये शायद उनकी बोली थी जो मुझे नहीं आती थी।
तो मैने पलट कर पुछा 'अंकल क्या कह रहे हो?'
'नुयों है?' एक बार उनका अन्दाज अलग था ।
मुझे समझ तो फिर भी नहीं आया मगर उनके हाव भाव
से अंदाजा लगाया और बोला,
"हां अंकल! नया हूं।"
"हुउऊ,,,। काईं साख है,के जात के हो?"
इस बार सवाल और इरादा स्पष्ट था।
मैं हैरान रह गया।
ये कैसा सवाल है,नाम पता नहीं सीधे जात?
क्या आज भी आदमी की जात ही उसकी पहचान है?
दिमाग में तो जैसे सवालों की झड़ी लग गयी,

मगर उन सवालों के जवाब मेरे पास नहीं थे।
पर उनके जबाव मैं जानना चाहता हूं,ढूढना चाहता हूं,
अपने लिये भी और आने वाली पीढ़ियों के लिये भी।

30. लॉकडाउन के बहाने से

मुश्किल होता है,चारदीवारी मे रहना कुछ दिन;
पाबंदियों के साथ जीना मुश्किल होता है,
डर सा लगता है घर से निकलने पर,
और मुश्किल होता है बेवजह अपने वजूद को सिध्द करना।
पर ये तो सिर्फ कुछ दिन ही हैं,
फिर बदल जायेगी ये तस्वीर भी,
फीके पड़ जायेंगे वो रंग,जो अब सुनहरे लगते हैं,
ये रस्मो रिवाज के पर्दे उड़ जायेंगे हवाओं मे,
बन्दिशें जो लगती हैं पहरा आजादी पर,मुक्त होंगी।
मर्यादायों की फिर लान्घी जायेंगी सीमायें,
सब फिर पहले जैसा होगा।
बस बदलेगा नहीं तो वो,
जो सदियों से चला आ रहा है,
जो कैद है बरसों से चारदीवारी में,
बिना किसी महामारी के।
जिन्हे नहीं है आज़ादी अपने होने की,
जीने की,मरने की,सोने की,रोने की ।
वहां तो सोच पर भी पहरा है,
जहाँ हर तरफ चारदीवारी है और हर ओर पहरा है,
बिना वजह ही।
पर अफसोस; उसका जिक्र भी नहीं होता है,
बेशक कुछ दिन चारदीवारी मे काटना,

सजा जैसा लगता है हमे;
पर उनकी रिहाई की बात करना,
हमारी मर्दानगी को ठेस पहुंचाता है,
उनकी रक्षा करना धर्म लगता है,
पर उनकी बराबर खड़े होने मे डर लगता है,
डर लगता है अपने वजूद के खत्म होने का,
अपने वर्चस्व के चरमराने का।
शायद इसलिये ये पहरा रहेगा ,
कुछ दिन और।

www.ingramcontent.com/pod-product-compliance
Lightning Source LLC
LaVergne TN
LVHW042002060526
838200LV00041B/1843
* 9 7 8 1 6 3 8 0 6 4 9 2 3 *